BEI GRIN MACHT SICH IHR WISSEN BEZAHLT

AF173534

- Wir veröffentlichen Ihre Hausarbeit, Bachelor- und Masterarbeit

- Ihr eigenes eBook und Buch - weltweit in allen wichtigen Shops

- Verdienen Sie an jedem Verkauf

Jetzt bei www.GRIN.com hochladen und kostenlos publizieren

Bibliografische Information der Deutschen Nationalbibliothek:

Die Deutsche Bibliothek verzeichnet diese Publikation in der Deutschen National-
bibliografie; detaillierte bibliografische Daten sind im Internet über http://dnb.d-
nb.de/ abrufbar.

Impressum:

Copyright © 2008 GRIN Verlag, Open Publishing GmbH
Druck und Bindung: Books on Demand GmbH, Norderstedt Germany
ISBN: 9783640685943

Dieses Buch bei GRIN:

http://www.grin.com/de/e-book/155058/elf-woerter-sind-noch-kein-elfchen

Janina Schnormeier

"Elf Wörter sind noch kein Elfchen"

Gedichtüberarbeitung mit Hilfe der Syntax

GRIN Verlag

GRIN - Your knowledge has value

Der GRIN Verlag publiziert seit 1998 wissenschaftliche Arbeiten von Studenten, Hochschullehrern und anderen Akademikern als eBook und gedrucktes Buch. Die Verlagswebsite www.grin.com ist die ideale Plattform zur Veröffentlichung von Hausarbeiten, Abschlussarbeiten, wissenschaftlichen Aufsätzen, Dissertationen und Fachbüchern.

Besuchen Sie uns im Internet:

http://www.grin.com/

http://www.facebook.com/grincom

http://www.twitter.com/grin_com

Inhaltsverzeichnis

1) Einleitung

„`Nichts kann die Auseinandersetzung mit der eigenen, aktiv betriebenen Textproduktion ersetzen. Denn sie erfordert und fördert zentrale allgemeine Fähigkeiten [...]. In der Ausbildung dieser Fähigkeiten liegt der eigentliche Sinn des Schreibens`"[1]. Diese These ist von grundlegender Bedeutung für das kreative Schreiben. In meiner Ausarbeitung möchte ich mich mit einem Gebiet des kreativen Schreibens, der Unterrichtsarbeit mit Elfchen, auseinandersetzen. Vor dem Hintergrund der oben aufgeführte These möchte ich mich im Folgenden auf Elfchen in Bezug auf die Gedichtüberarbeitung mithilfe der Syntax, als einer Möglichkeit sich mit Gedichten auseinanderzusetzen, konzentrieren.

Zu Beginn werde ich in knapper Form auf die Gedichtform „Elfchen", ihre besondere Struktur, ihre formalen Regeln und Vorgaben und ihr Lernpotential eingehen. Des Weiteren werde ich anhand einiger Beispiele verdeutlichen, wie aus einem einfachen Elfchen ein ausdrucksstarkes Gedicht werden kann. Abschließend möchte ich in einem Fazit die wesentlichen Erkenntnisse meiner Arbeit und die daraus resultierenden Konsequenzen für die Unterrichtsgestaltung darstellen.

2) Hauptteil – Das Elfchen und die Wirksamkeit der Gedichtüberarbeitung mithilfe der Syntax

Elfchen sind kleine Gedichte, nach ihrer Gesamtwortzahl benannt und bestehen daher aus elf Worten zu fünf Versen. Sie zeichnen sich durch enge formale Vorgaben aus, die je nach Klassenstufe geringfügig variiert werden können. Das Elfchen ist ein Fünfzeiler mit folgender Wortverteilung pro Zeile: 1-2-3-4-1. Das Elfchen als eine Form des angeleiteten kreativen Schreibens arbeitet daher dialektisch mit Begrenzungen und Spontaneität. Durch die strukturellen Regeln des Elfchens wird das Schreiben stärker als Lerngegenstand denn als Lernmedium betont[2]. „Die engen formalen Vorgaben, das Schreiben von Gedichten nach Regeln erleichtert sowohl einen Bruch mit den Vorurteilen über Lyrik und dem Klischee, ein Gedicht sei, was sich reimt, als auch den Bruch mit der gewohnten Prosa-Grammatik. [...]"[3] Elfchen werden oftmals als triviale Beschäftigung insbesondere für Grundschüler abgetan. Die Herstellung von Elfchen kann jedoch unter bestimmten Qualitätsvoraussetzungen exemplarischen Wert haben und einen Beitrag zur Sprachentwicklung der Kinder leisten, indem eine Erweiterung des Wortschatzes und ein gesteigertes Empfinden für die Qualität von Worten angebahnt werden kann. Das Sprachverständnis kann erweitert und das

---

1 Böttcher, Ingrid (Hrsg.): Kreatives Schreiben. Berlin: Cornelsen 1999. S. 7.
2 Vgl. ebd. S. 57.
3 Fritzsche, Joachim: Schreibwerkstatt. Geschichten und Gedichte: Schreibaufgaben, -übungen, -spiele. 2. Auflage. Stuttgart u. a.: Ernst Klett Verlag. - 1. Auflage 1989. S. 101.

Sprachhandeln auf der Wort-, Satz- und Textebene geschult werden. Zudem eignen sich Elfchen hervorragend, um das kreative Schreiben von Gedichten einzuleiten und so ein Gefühl für die Besonderheit der Sprache bzw. der Satzstellung eines Gedichtes zu vermitteln. Anhand einiger Beispiele möchte ich nun verdeutlichen, wie eine Veränderung der Wortordnung[4] bzw. der Satzgliedstellung aus einem einfachen Elfchen ein ausdrucksstarkes Gedicht werden lässt: „Oft ist es allein die Wortstellung, die einen Text ausdrucksstärker macht"[5]. Somit soll hier gezeigt werden, dass sich das Schreiben von Elfchen und eine anschließende Überarbeitung als lohnenswert und lehrreich erweisen kann.

Elfchen 1

<table>
<tr><td>Version 1:</td><td>→</td><td>Version 2:</td></tr>
<tr><td>Dunkel</td><td></td><td>Dunkel</td></tr>
<tr><td>die Nacht</td><td></td><td>Phantastisches zeigt</td></tr>
<tr><td>zeigt mir Phantastisches</td><td></td><td>mir die Nacht</td></tr>
<tr><td>ich fühle die Kraft</td><td></td><td>die Kraft fühle ich</td></tr>
<tr><td>Inspiration</td><td></td><td>Inspiration</td></tr>
</table>

Die Abfolge Subjekt, indirektes Objekt, direktes Objekt (bzw. Subjekt, Objekt) oder in Kasuskategorien Nominativ, Dativ und Akkusativ (bzw. Nominativ, Akkusativ) kennzeichnet sich als natürliche unmarkierte Reihenfolge der Satzglieder. Diese unmarkierte Reihenfolge liegt den Sätzen „Die Nacht zeigt mir Phantastisches" und „ich fühle die Kraft" der ersten Version des Elfchens zugrunde. Diese natürliche Reihenfolge ist u. a. darin begründet, dass die Verbergänzungen in einer Belebtheitshierarchie (Tendenz: belebt-unbelebt) angeordnet werden, welche auch als Agensgefälle (Handlungsgefälle) bezeichnet wird. Die erste Position nimmt dabei das Agens (Handelnder) ein. Darauf folgt der Rezipient (Adressat) und abschließend das Patiens (der oder dasjenige, der bzw. das nicht aktiv handelt, sondern etwas erleidet bzw. mit dem etwas geschieht). Das Agensgefälle ist somit semantisch, also nicht syntaktisch fundiert.

Die besondere Betonung eines Satzes liegt immer auf einer Vorfeldkonstituente. Steht das Subjekt jedoch im Vorfeld eines unmarkierten Satzes, liegt die Betonung des Satzes nicht auf dem Vorfeld. In markierten Sätzen, wie den Sätzen der zweiten Version des Elfchens („Phantastisches zeigt mir die Nacht"; „die Kraft fühle ich") liegt die Betonung hingegen immer auf einer Vorfeldkonstituente.

In diesem Beispiel wurden die beiden direkten Objekte („Phantastisches" und „die Kraft") der

---

4 Im Deutschen gibt es eine vergleichsweise „freie Wortordnung", d. h. es gibt mehr als nur ein Wortstellungsmuster. Der Begriff „Wortordnung" wird häufig verwendet, meint aber die Abfolge ganzer Satzglieder bzw. die freie Satzkonstituentenstellung. Die Konstituentenstellung dient dem Ausdruck von Informationsstruktur, semantischen Unterschieden und phonologischen Unterschieden. Im folgenden meint der Begriff Wortstellung die Satzgliedstellung und nicht die Abfolge der Worte innerhalb der Satzglieder.
5 Menzel, Wolfgang: Elf Wörter sind noch kein Elfchen. In: Praxis Deutsch 172, 2002, S. 21.

ersten Version des Elfchens in der zweiten Version jeweils an den Satzanfang gerückt, die beiden Subjekte („die Nacht" und „ich") wurden jeweils an den Schluss der Sätze gestellt. Das indirekte Objekt des ersten Satzes „mir" folgt daher auf das direkte Objekt. Die Sätze stellen sich nun als markiert dar. Da die Betonung und der Informationsschwerpunkt im markierten Satz auf dem Vorfeld liegt, wird „Phantastisches" und „die Kraft" nun betont. Dadurch wird das Thema des Elfchens deutlicher hervorgehoben.

Elfchen 2

Version 1:	→	Version 2:
Freunde		Freunde
viel beschäftigt		viel beschäftigt
doch sie haben		doch Zeit haben
dennoch immer Zeit für		sie für mich dennoch
mich		immer

Die erste Version des Elfchens zeichnet sich durch eine unmarkierte Satzgliedstellung aus („doch sie haben dennoch immer Zeit für mich"). Im Satz unterscheidet man Thema (das Bekannte oder Vorerwähnte im Satz) und Rhema (die neue Information). In unmarkierten Sätzen, wie dem ersten Beispielsatz „doch sie haben dennoch immer Zeit für mich", in denen also die natürliche Reihenfolge beibehalten wird, wird das Rhema als Akzentuierung und Betonung[6] der Verbergänzung deutlich, somit liegt der Informationsschwerpunkt am Ende des Satzes.

Anhand dieses Beispiels lässt sich erkennen, dass die Schwerpunkte, die beim Sprechen über die syntaktische Ebene hinaus, stimmlich gesetzt werden können (mittels Akzentuierung und Betonung), beim leisen Lesen und beim Schreiben mithilfe der Reihenfolge der Satzglieder gesetzt werden. Die Schwerpunktverteilung ist in der geschriebenen Sprache daher eher semantisch geprägt und verläuft somit vom Bekannten (Thema) zum Neuen (Rhema) oder auch vom Emotionalen zum Informativ-Wichtigen, welches in der gesprochenen Sprache dem Verlauf von der Betonung zur Akzentuierung entspricht. Kinder können hier lernen, dass die geschriebene Sprache durch grammatische Regeln in höherem Maße festgelegt ist, als die gesprochene Sprache.

In der Poetik und Rhetorik ist die Reihenfolge der Satzglieder hingegen von dem Ziel des Wohlklangs eines Satzes bestimmt. Dies wird u. a. durch die Umstellung der Satzglieder eines unmarkierten Satzes erreicht. Dadurch wird das natürliche Agensgefälle nicht betont und der Informationsschwerpunkt wird an den Satzanfang gelegt. Jedoch ist nicht nur die Reihenfolge der Satzglieder für den Wohlklang eines Satzes verantwortlich, sondern auch

---

6 Auf die Bedeutung von Akzentuierung und Betonung werden ich weiter unten genauer eingehen.

die Betonungs- und Akzentuierungsverhältnisse beim lauten und inneren Sprechen. Unter Betonung versteht man die Tonhöhe (also hoher oder tiefer Ton), Akzentuierung meint hingegen die Tonschwere (auch als Lautheit bezeichnet; laut oder leise gesprochen). Bei einem unmarkierten Satz, wie dem Satz „doch sie haben dennoch immer Zeit für mich" (Version 1 des Elfchens) liegt der Höchstton am Satzanfang. Die Satzmelodie der weiteren Satzbestandteile ist dabei durch Hochs und Tiefs gekennzeichnet, wobei die Hochs stets niedriger als der Höchstton am Satzanfang sind. Der stärkste Akzent liegt hier am Ende des Mittelfelds, jedoch fast auf dem Tiefpunkt der Melodie. Bei einem markierten Satz hingegen bleibt die Satzmelodie gleich, nur der Höchstton liegt noch höher als beim unmarkierten Satz. Daher liegt bei markierten Sätzen durch die Satzgliedstellung und die betonte Prosodie eine doppelte Markierung vor. In der zweiten Version dieses Elfchens wird der Wohlklang des Satzes somit durch die Umstellung der Satzglieder des unmarkierten Satzes erreicht. Das Rhema, also die neue Information und somit der Informationsschwerpunkt des unmarkierten Satzes, wird an den Anfang gerückt. Damit liegt auch der Höchstton auf dem Wort „Zeit". Durch die Verschiebung des Wortes „dennoch" an das Satzende wird dieses Wort betont. Zusammen mit der Betonung des Wortes „Zeit" wird erreicht, dass die Essenz des Elfchens widergespiegelt wird.

Elfchen 3

Version 1:	→	Version 2:
Blumenduft		Blumenduft
blühende Wiesen		blühende Wiesen
Schmetterlinge in Lüften		in Lüften Schmetterlinge
den Sommer nicht verpassen		nicht verpassen den Sommer
traumhaft		traumhaft

Die natürliche Satzreihenfolge zeichnet sich dadurch aus, dass das Adverbial am Ende des Satzes steht. Dies lässt sich in der ersten Version des Elfchens erkennen („Schmetterlinge in Lüften"). In der zweiten Version wird das Adverbial des Ortes („in Lüften") an den Anfang gerückt („in Lüften Schmetterlinge"). Durch diese Umstellung wird eine Zweideutigkeit hervorgerufen und die Außergewöhnlichkeit des Gedichts erreicht.

Bei dem zweiten Satz des Elfchens, der hier variiert wurde („den Sommer nicht verpassen") handelt es sich um eine Art gekürzten Aussagesatz, der sich durch das Hinzufügen von Subjekt und Prädikat (z. B. „Ich möchte") zu einem vollständigen Aussagesatz (z. B. „Ich möchte den Sommer nicht verpassen") erweitern lässt. Im Aussagesatz steht der Infinitiv stets am Ende des Satzes und nach dem Objekt, wie in der ersten Version des Elfchens zu erkennen ist („den Sommer" ist hier das Objekt; „nicht verpassen" ist der Infinitiv). In der zweiten Version des Elfchens wird der Infinitiv nun an den Satzanfang gerückt („nicht verpassen den Sommer"). Dies erzeugt Wohlklang und wiederum eine Zweideutigkeit dieses Satzes.

Elfchen 4

Version 1:	→	Version 2:
Hell		Hell
die Blitze		die Blitze
sie funkeln zornig		am dunklen unendlichen
am dunklen unendlichen Himmel		Himmel sie zornig funkeln
Angst		Angst

In diesem Elfchen wurde das Adverbial des Ortes („am dunklen unendlichen Himmel") an den Beginn gestellt. Des Weiteren wurde die Normalstellung des Satzes „sie funkeln zornig" durch die Umstellung des Adverbials der Art und Weise („zornig") und des Prädikats („funkeln") umgekehrt. Auf diese Weise wird die Hauptaussage des Elfchens stärker betont.

3) Fazit:

Die hier aufgeführten Umstellungsbeispiele der Elfchen zeigen beispielhaft, wie man mit Elfchen im Deutschunterricht verfahren kann.

Durch ein solches Verfahren mit Elfchen können Kinder lernen, dass Elfchen bzw. Texte u. a. durch Umstellungen von Satzgliedern überarbeitet werden können. Die Schüler lernen Satzglieder zu erkennen, erfahren, dass Satzglieder nicht auseinander gerissen werden dürfen und Umstellungen den Sinn des Satzes nicht verändern dürfen. Des Weiteren können die Funktion der Satzglieder, die durch die Abfolge, die morphologische Markierung und die Intonation bestimmt wird, und die verschiedenen Satzmodi thematisiert werden. Auf dieser Grundlage lassen sich dann Verberstsatz und Verbzweitsatz definieren, die durch bestimmte Fixpunkte der Satzglieder gekennzeichnet sind.

Durch ein solches „Umstellungsmanöver" erfahren Kinder zudem, dass das Verfassen eines Elfchens nicht einfach nur bedeutet, elf zueinander passende Worte in Gedichtform anzuordnen. Wie gezeigt werden konnte, ist nicht nur die richtige Anzahl und Auswahl der Worte für die Entstehung eines ausdrucksstarken Elfchens bedeutsam. Anhand der Beispiele konnte erklärt werden, dass für den Ausdruck eines Gedichts bzw. eines Elfchens die Wortordnung bzw. die Abfolge der Satzglieder entscheidend ist, denn sie ist bedeutsam für Rhythmus, Betonung und Akzentuierung eines Gedichts. Die Satzglieder müssen daher auf auffällige, pointierte und schöne Weise angeordnet werden, d. h. die konventionelle Satzgliedstellung muss zu einer besonderen, markierten verändert werden: „[...] von einem richtigen Satz zu einem schönen Satz! Das ist Arbeit an einem Gedicht"[7]. Durch die Bearbeitung von Elfchen können die Kinder somit Eindrücke mitnehmen, die ihr Verständnis für die Qualität lyrischer Texte formen und ausdifferenzieren. Die Kinder können also lernen, dass Dichtung nicht nur durch den Einfall bestimmt wird, d. h. ein Gedicht nicht „einfach so" wie zufällig geschrieben wird, sondern dass sich ein Gedicht durch „poetische Arbeit" ausdrucksstark und wohlklingend gestalten lässt, also mit intensiver Spracharbeit verbunden ist. So kann eine gesteigerte Wertschätzung lyrischer Produkte erreicht werden und die Schüler und Schülerinnen können die Erfahrung machen, dass Schreiben sinnvoll, bedeutsam und bereichernd ist.

Durch die Arbeit an einem Gedicht kann ein Kind somit lernen wie es etwas sagen kann: „Was ein Kind zu sagen hat, ist ganz allein seine Sache; wie es etwas sagt, kann es lernen"[8]. Daher sollte mit Elfchen elaboriert werden. Die Effekte der Veränderung der Syntax eines Elfchens lassen sich im Unterricht beispielsweise durch Stellungsexperimente (auseinanderschneiden, neu anordnen, vorlesen) erproben. Kinder lernen auf diese Weise die Bedeutung der Einheit von Inhalt (Bedeutung) und Form (Metrum) in einem Gedicht kennen bzw. den Effekt wirksamer Abweichungen von dieser Einheit. Über eine solche Arbeit an der Syntax arbeiten die Kinder daher auch poetisch. Poetik kann man also lernen.
Über die Wort- bzw. Satzstellung hinaus lässt sich ein gelungenes Elfchen u. a. durch die Betrachtung und Überarbeitung der Wort-, Satz- und Textebene erarbeiten. Zusammenfassend lässt sich feststellen, dass Elfchen, wenn sie adäquat betrachtet und behandelt werden, eine anspruchsvolle und produktive Lerngelegenheit bieten und Kinder durch einen entsprechenden Unterricht am eigenem Leib etwas Wichtiges über Lyrik lernen können.

---

7 Menzel 2002, S. 21.
8 Ebd., S. 20.

Quellen- und Literaturverzeichnis

Baurmann, Jürgen: Schreiben-Überarbeiten-Beurteilen. Ein Arbeitsbuch zur Schreibdidaktik. Seelze: Kallmeyersche Verlagsbuchhandlung GmbH 2002.

Böttcher, Ingrid (Hrsg.): Kreatives Schreiben. Berlin: Cornelsen 1999. Insbesondere S. 7-8, 16-17, 22, 24 und 57.

Fritzsche, Joachim: Schreibwerkstatt. Geschichten und Gedichte: Schreibaufgaben, -übungen, -spiele. 2. Auflage. Stuttgart u. a.: Ernst Klett Verlag. - 1. Auflage 1989. S. 101.

Leimeier, Walter: Ein herrenloses Fahrrad. Paderborn: Verlag Ferdinand Schöningh 1997. Vor allem S. 5-7 und 116.

Liebnau: EigenSinn. Kreatives Schreiben-Anregungen und Methoden. Frankfurt am Main: Verlag Moritz Diesterweg 1995.

Menzel, Wolfgang: Elf Wörter sind noch kein Elfchen. In: Praxis Deutsch 172, 2002, S. 20-22.

Rau, Hanz Arnold (Hrsg.): Kreatives Schreiben an Hochschulen. Berichte, Funktionen, Perspektiven. Tübingen: Max Niemeyer Verlag 1988.

Rauen, Anne: Elfchen – Wozu? http://209.85.135.104/search?q=cache:snRuvAMkzSwJ:www.studsemsim.de/elfchen.htm+studsemsim+elfchen&hl=de&ct=clnk&cd=1&gl=de&client=firefox-a (22.07.2008).

Schockenhoff, Annette: Schreibwerkstatt. http://www.learnline.de/angebote/litweb_schreiben/wirschreibenged.htm (22.07.2008)

Scholz, Julia: "Elfchen" - Kennenlernen der Gedichtform und Produktion von Elfchen zum Thema Winter für ein Klassen-Elfchen-Buch als eine Möglichkeit, sich mit Gedichten auseinander zu setzen. http://www.grin.com/e-book/27755/elfchen-kennenlernen-der-gedichtform-und-produktion-von-elfchen-zum (20.07.2008).

BEI GRIN MACHT SICH IHR
WISSEN BEZAHLT

- Wir veröffentlichen Ihre Hausarbeit,
  Bachelor- und Masterarbeit

- Ihr eigenes eBook und Buch -
  weltweit in allen wichtigen Shops

- Verdienen Sie an jedem Verkauf

Jetzt bei www.GRIN.com hochladen
und kostenlos publizieren